VERDIENEN SIE GELD MIT IHREM INSTAGRAM-KONTO FÜR 2019

HOLEN SIE SICH SCHNELL TAUSENDE VON ECHTEN FOLLOWER, VERDIENEN SIE GELD MIT JEDEM FOTO, DAS SIE MIT IHREM PERSÖNLICHEN KONTO HOCHLADEN

Gaston Echevarria

Erste Ausgabe

Inhaltsverzeichnis

Einführung Die Realität des Marktes

Jeden Monat verbinden sich mehr als eine Milliarde Menschen mit Instagram, interagieren mit den Inhalten und veröffentlichen sie auf der Plattform.

Instagram ist weit davon entfernt, eine der meistbesuchten und am häufigsten genutzten Social Media Plattformen zu sein, noch mehr als Facebook, und hat sich zur "primären" Plattform für ernsthafte Geschäftsleute, Werbetreibende und Vermarkter entwickelt, die ihr Geschäft online aufbauen wollen.

Und das, obwohl Instagram zu 100% kostenlos zu starten ist - und Sie ein neues Instagram-Konto in weniger als fünf Minuten eingerichtet haben.

Die Wahrheit ist, dass die überwiegende Mehrheit der Unternehmer, Werbetreibenden und Verkäufer Instagram nicht in der richtigen Weise nutzt, um ihr Unternehmen aufzubauen oder die Art von finanzieller Zukunft zu schaffen, von der sie schon immer geträumt haben.

Ehrlich gesagt, ist der größte Teil des Instagram-Marktes kaum mehr als "traditionelles Marketing" in der digitalen Welt - und das wird nicht mehr den Senf abschneiden.

Nein, wenn Sie Ihr Instagram-Marketing den Park verlassen lassen und es wirklich in einen leistungsstarken Kanal für das Marketing verwandeln wollen, müssen Sie genau wissen, was Sie tun.

Darüber hinaus müssen Sie, da Sie einem etablierten und harten Wettbewerb ausgesetzt sind, auch so viele Checklisten wie möglich nutzen, um so schnell wie möglich an die Spitze zu gelangen.

Hier sind einige kritische Tipps und Tricks in dieser schnellen Checkliste, die Ihnen helfen werden, genau das zu tun.

Lasst uns direkt eintauchen!

Welche Strategie soll ich verfolgen?

Die meisten Leute betreiben ihr Marketing zunächst direkt von der Schiene aus, ohne zu merken, dass ihr ganzes Instagram-Marketing auf Sandbasis und nicht auf Beton gebaut wurde.

Die meisten Leute werfen einfach verschiedene Marketingansätze an die Instagram-Wand und erwarten, dass etwas hält, anstatt einen wirklich systematischen und fokussierten Ansatz zu verfolgen, um ein Marketing zu schaffen, das wirklich eine Chance hat zu funktionieren.

> ➢ ***Aber das wirst du nicht!***

Sie werden es nicht, da Sie diese schnelle Checkliste lesen und allen Tipps und Tricks folgen, die wir teilen könnten, werden Sie einen fast unfairen Vorteil gegenüber der Konkurrenz haben, um ein wirklich effektives Marketing zu schaffen, das wirklich funktioniert.

Du wirst in der Lage sein, von Anfang an zu beginnen (wo du diese solide Basis schaffen musst) und von dort aus zu bauen.

> ➤ *Identifizieren Sie Ihren perfekten potenziellen Kunden.*

Das erste, was Sie tun müssen (noch bevor Sie ein neues Instagram-Konto erstellen), ist, ein klares und kristallklares Bild davon zu erstellen, wer Ihr perfekter potenzieller Kunde ist.

Sie müssen wissen, was sie am meisten von Ihnen erwarten, was sie am meisten daran interessiert, Instagram zu sehen und mit ihm zu interagieren, und die "Hot Buttons", die sie zwingen, so schnell wie möglich von Instagram-Follower zu zahlenden Kunden zu werden.

Sobald Sie dieses klare und kristallklare Bild davon haben, wer dieser perfekte Kunde ist, werden Sie jedes der Instagram Content Stücke, die Sie erstellen (sowie alle anderen Marketing Stücke, die Sie herstellen), für sie und nur für sie erstellen wollen.

Viele Menschen machen den Fehler, mit ihrem Instagram-Marketing alles für alle zu sein, die gesamte Marke zu verlieren und Null Follower zu bekommen, anstatt sich auf ihre spezifische Nische zu konzentrieren und die überwältigende Mehrheit der Menschen zu ignorieren, die ohnehin keine Kunden geworden wären.

> ➤ **Nehmen Sie großartige Ideen von Ihren Mitbewerbern mit.**

Nachdem Sie das Image Ihres perfekten potenziellen Kunden fest etabliert haben, ist es an der Zeit, die 15 oder 20 besten Instagram-Kunden in Ihrer Branche zu sehen und wirklich zu versuchen, eine Vorstellung davon zu bekommen, was sie so effektiv in Ihrem Markt tun.

Es gibt absolut keinen Grund, das Rad im Online-Marketing neu zu erfinden, vor allem, wenn Ihre Wettbewerber (ohnehin erfolgreiche Wettbewerber) nicht nur den Weg für Sie geebnet haben, sondern auch sehr leicht verständliche und kopierbare Hinweise für Sie hinterlassen haben.

Einige Leute bekommen ein wenig Angst davor, Ideen aus konkurrierenden Inhalten zu "stehlen", aber Sie werden das so schnell wie möglich überwinden wollen.

Wir schlagen in keiner Weise vor, dass Sie tatsächlich physische Inhalte herausreißen und weitergeben, als ob es Ihre eigenen wären, aber wenn Sie sich in einer Outdoor-Ausrüstungsnische befinden, in der Ihre besten Konkurrenten Bilder vom Leben im Lager in der Morgen- und Abenddämmerung veröffentlichen, sollten Sie besser glauben, dass Sie genau das Gleiche tun oder dass Sie Ihre Marke mit Ihren idealen Perspektiven verlieren und ohne Grund an diese Konkurrenten verlieren werden.

Dies wird Ihnen helfen, Ihr Instagram Content Marketing deutlich zu beschleunigen, aber es wird Ihnen auch helfen, in die oberste Ebene der Instagram Accounts in Ihrer Branche zu gelangen, wenn Sie die gleichen Inhalte veröffentlichen wie die "Big Dogs".

> ➢ *Erstellen eines Content-Marketing-Kalenders*

Der Content-Marketing-Kalender ist das Unterscheidungsmerkmal Nummer eins zwischen Instagrams Amateur-Stundenverkäufern und seriösen und kompetenten Social Media.

Du wirst dich definitiv in der letzten Gruppe wiederfinden wollen.

Führende Unternehmen auf der ganzen Welt haben viel Zeit, Energie und Mühe in den Versuch investiert, so viel wie möglich vom Kundengewinnungsprozess zu rationalisieren und zu systematisieren.

Und während diese großen multinationalen Unternehmen über weitaus größere Budgets verfügen, als jeder von uns aufbringen kann, ist die einzige Waffe, die wir kopieren und effektiv einsetzen können, der Inhaltskalender.

Die Einführung Ihrer Marketingkampagne sechs Monate (oder besser noch ein Jahr) im Voraus mit einem Plan für jeden der Inhalte, die Sie an einem sehr bestimmten Tag veröffentlichen werden, und als Teil einer sehr spezifischen Marketingkampagne gibt Ihnen einen fast unfairen Vorteil gegenüber dem Rest Ihrer Konkurrenz.

Indem Sie ein Verständnis dafür entwickeln, dass Sie Inhalte für einen dreimal wöchentlichen Launch erstellen müssen, sind Sie nicht nur in der Lage, diese Nachrichten im Voraus zu erstellen und sie auf die Prime Time vorzubereiten, sondern Sie sind auch in der Lage, den richtigen Inhalt für die Veröffentlichung zu einem bestimmten Zeitpunkt zu finden, der zu allen anderen Marketingansätzen passt, die Sie verwenden.

Mit einem Content-Marketing-Kalender arbeiten Sie vielleicht an einer Valentinstag-Kampagne, z.B. Mitte Juni, mit Inhalten, die auf Instagram veröffentlicht werden sollen, die mit der Valentinstag-Kampagne einhergehen, die Sie von Ende Januar bis Mitte Februar nächsten Jahres durchgeführt haben.

Darüber hinaus können Sie mit der Automatisierung Ihres Instagram-Marketings beginnen, wenn Sie diese Art von Ansatz wählen.

Da Sie alle Ihre Inhalte erstellt und einsatzbereit haben, können Sie dann Skriptprogramme erstellen oder die eigentliche Publishing-Arbeit an jemand anderen auslagern, wodurch Sie sich auf andere leistungsstarke Geschäftsaktivitäten konzentrieren können, ohne sich Gedanken darüber machen zu müssen, wie Sie an diesem Tag einen Werbeansatz vorbereiten werden.

Dies ist ein Spiel, das die Dinge verändert, und du musst dir 100% sicher sein, dass du es tust.

ALL in Ihrer Macht, den größten Teil

Ihrer Arbeit zu systematisieren, zu automatisieren und zu delegieren.

Du musst so schnell wie möglich erwachsen werden.

Wachstum, Wachstum, Wachstum, Wachstum - Werden Sie so groß und schnell wie möglich.

Die nächste Phase nach der Grundsteinlegung und Vermarktung von Instagram konzentriert sich ganz darauf, das Follow-up so schnell wie möglich auszubauen.

Instagram übernimmt einen Großteil der Arbeit für Sie, indem es Ihnen hilft, Ihr Instagram-Konto automatisch weiterzuempfehlen und sogar aktiv für Ihr Konto durch Instagram Day Postings, Hashtags usw. zu werben, aber Sie möchten wirklich von Anfang an Ihr

Instagram-Marketing in Besitz nehmen, damit Ihr Konto so groß wie möglich wird.

Schließlich lohnt sich der weltgrößte Content, der perfekt auf Ihre idealen Kunden zugeschnitten ist, NICHTS, es sei denn, Sie erhalten die Augen und die aktive Teilnahme der Personen, die sich für Ihr Instagram-Konto entschieden haben.

Ohne Tracker sind alle Ihre Bemühungen völlig umsonst - also müssen Sie diese Strecke blitzschnell vom Boden aus bauen.

Hier sind einige schnelle Tipps, die Ihnen helfen, genau das zu tun!

➢ *Instagram Influencer*

Die Influencer von Instagram - die am häufigsten verfolgten, engagierten und aktiven Konten in Ihrem Markt oder Ihrer Branche - haben die Möglichkeit, jedes Konto zu erstellen, mit dem sie regelmäßig interagieren, sowie jedes Konto, das regelmäßig mit ihnen interagiert.

Sie müssen alles in Ihrer Macht Stehende tun, um die Aufmerksamkeit dieser Instagram Influencer in Ihrer Branche oder Ihrem Markt zu erregen, so dass sie beginnen, die von Ihnen bereitgestellten Inhalte aktiv zu bewerben (und wir werden Ihnen einen Weg zeigen, dies in nur einer Sekunde zu tun) ODER Sie müssen versuchen, "ihnen so viel wie möglich den Atem rauben", indem Sie sie in Ihrem eigenen Inhalt erwähnen, so dass Ihre Anhänger anfangen, auch auf Sie zu achten.

Das Marketing von Instagram entwickelt sich schnell zu einer Art Wettrüsten, bei dem große Kunden neue Jobs pro Stunde anstelle eines täglichen oder sogar wöchentlichen Updates veröffentlichen.

Große Accounts - wir sprechen von Accounts mit Hunderttausenden oder sogar Millionen von Followern - benötigen viel Aktivität, um mit ihren hungrigen Followern Schritt zu halten, und das bedeutet, dass sie eine riesige Menge an originalen Inhalten benötigen, die sie teilen können.

Hier kommen Sie als "kleinster Bediener" ins Spiel.

Da Sie (noch) nicht die gleiche Art von Tier füttern müssen, können Sie es sich leisten, nicht nur Inhalte für Ihr eigenes Instagram-Konto zu erstellen, sondern auch Inhalte für die wichtigsten Einflussfaktoren des Instagram-Kontos.

Indem Sie Inhalte erstellen, die Sie diesen einflussreichen Menschen geben, um sie mit ihren 100% kostenlosen Anhängern zu teilen (obwohl mit Attributionen und Tags, die auf Ihr Konto zurückkehren), können Sie ihnen einen Gefallen tun und gleichzeitig ihren eigenen Bedürfnissen dienen.

Diese Art von Konten sind sehr gerne bereit, diese Art von Vereinbarungen einzugehen.

Sie erhalten viele kostenlose, qualitativ hochwertige Inhalte, für deren Erstellung sie nicht hart arbeiten müssen, die ihre Fans glücklich machen und mit

Newcomern aus der gleichen Branche zusammenarbeiten.

Sie werden auch von der zusätzlichen Exposition profitieren, die Sie durch diese Instagram-Einflusskonten erhalten - und bevor Sie sich versehen, werden Sie eine Flut von Anhängern haben, die kopfüber in Ihr Konto tauchen, was Sie auch zu einem Beeinflusser macht!

Die Wettbewerbe in instagram

Ein weiterer guter Ansatz, um Ihr Konto schnell zu erweitern, ist die Durchführung regelmäßiger Wettbewerbe, bei denen Sie tatsächlich hochwertige Artikel oder Dienstleistungen in Ihrem Instagram-Konto verschenken und dafür mehr Anhänger gewinnen.

Dies ist eine bewährte, wahre und überraschend effektive Marketing-Taktik und -Technik, die schon lange vor dem Gedanken an Instagram im Einsatz war.

Alles, was Sie tun müssen, ist, Ihren Teil der Vereinbarung zu erfüllen - eigentlich verschenken Sie jedes Produkt oder jede Dienstleistung, die Sie versprochen haben - und sie kosten Sie ein wenig im Voraus, aber wenn Sie Ihr Instagram-Konto aktiv monetarisieren, werden Sie feststellen, dass sich der Return on Investment lohnt.

Je größer der Gegenstand, desto spannender der Service und desto wertvoller das Geschenk, desto mehr Action erhalten Sie und desto mehr Follower werden Sie sammeln.

Wenn Sie sich zum Beispiel in der Golfnische befinden, wird das Verschenken einer Kugelhülse nur dazu führen, dass sich die Nadel bewegt. Wenn Sie jedoch einen Ausflug nach Pebble Beach machen, werden Sie in mehr Anhängern schwimmen, als Sie wissen, was Sie mit ihnen machen sollen.

Natürlich wird diese Reise nach Pebble Beach viel mehr kosten als eine Hülle Bälle, aber wie bereits erwähnt, wird sich der Return on Investment lohnen.

Anstatt eine Handvoll Anhänger für $12 abzuholen, können Sie 10.000 neue Anhänger oder mehr für $2000 abholen. Das Engagement sollte offensichtlich sein.

> ***Erstellen Sie mit Instagram mehrere Monetarisierungskanäle.***

Am Ende des Tages sind neue Follower kein Bargeld auf der Bank, es sei denn, Sie beginnen wirklich, Ihre Follower und Ihr Instagram-Konto zu monetarisieren.

Der einfachste Weg, Ihr Instagram-Konto zu monetarisieren, besteht darin, Ihr Instagram-Konto und Ihre Instagram-Inhalte einfach als Einstiegsstufe in Ihren Marketing-Trichter zu verwenden.

Sie werden in der Lage sein, Besucher und Anhänger immer tiefer und tiefer in Ihre Marketingmaterialien zu drängen und zumindest einige von ihnen in zahlende Kunden zu verwandeln - und das hat einen ziemlich angemessenen Return on Investment.

Natürlich gibt es andere Möglichkeiten, Ihr Instagram-Konto zu monetarisieren - und selbst wenn Sie sich entscheiden, Ihre eigenen Produkte und Dienstleistungen zu verkaufen, werden Sie einige dieser Wege gehen wollen, um Ihren Einfluss auf Social Media zu maximieren und mehrere Einkommensquellen zu schaffen.

Sie können zunächst nach anderen Unternehmen Ihrer Branche suchen - Konkurrenten oder solche, die ergänzende Dienstleistungen anbieten - und ihnen anbieten, "gesponserte Inhalte" anzubieten.

Grundsätzlich werden Sie ein Partner Ihres Unternehmens und alle Verkäufe, die Sie über Ihr Instagram-Konto tätigen, zahlen Ihnen eine Provision.

So viele der "Instagram-Modelle" verdienen ihr Geld online, indem sie Fotos von sich selbst und ihrer Trainingsausrüstung veröffentlichen oder Trainingsergänzungen anderer Unternehmen verwenden und einen Anteil am Umsatz ihrer Partnerunternehmen erzielen.

Diese Menschen machen ein stetiges Einkommen aus dieser Art von Affiliate-Marketing auf eigene Faust, so dass es sich definitiv lohnt zu untersuchen.

Es gibt viele Möglichkeiten, Instagram zu monetarisieren, und hoffentlich hat diese schnelle Checkliste etwas mehr Licht in das Thema gebracht, damit Sie vorankommen.

Anpassung

Von nun an werde ich Ihnen direkt erklären, welche Themen Sie benötigen, um Ihr Instagram-Konto zu maximieren. Lasst uns anfangen!

Wenn Sie daran interessiert sind, Gewinne und Umsätze zu maximieren, dann ist die Anpassung Ihres Produkts eine gute Möglichkeit, dies zu tun. Es gibt mehrere Gründe, warum dies für Ihr Unternehmen von entscheidender Bedeutung ist. Hier sind fünf Gründe, warum du es tun solltest;

1.   Liebe zum Detail zahlt sich aus
-

Dabei liegt der Fokus auf Möglichkeiten,

mit denen sich Ihr Produkt von der Masse abhebt. Sie zeichnen sich nicht nur durch ein stilvolles Logo und eine Marke aus, sondern zeigen auch, dass Sie sich um Ihr Produkt kümmern. Dies wird Sie dazu bringen, alles über Ihr Produkt bis ins letzte Detail zu entwerfen, was Kunden sehen und kaufen wollen.

2. *Verstehen Sie Ihre Kunden und deren Trends.*

Wenn Sie beginnen, Ihr Produkt anzupassen, bedeutet das, dass Sie die Bedürfnisse und Wünsche Ihrer Kunden verstehen. Wenn Sie recherchieren, was Ihre Kunden wollen und es auf Ihre Produktlinie abstimmen, dann wird Ihre Botschaft sehr wirkungsvoll. Die Herstellung von Produkten nach den Bedürfnissen und Vorlieben der Kunden spart nicht nur Geld, sondern hilft auch Ihren Kunden zu erkennen, wie wichtig sie sind und wie sozial verantwortlich Sie sind.

3. *Die Anpassung hilft einem Produkt, sich von anderen abzuheben.*

Die Anpassung Ihrer Produkte hat viele Vorteile und hilft Ihnen, Ihre Produkte zu unterscheiden und sich vom Wettbewerb zu unterscheiden. Wenn Ihre Produkte scheinen, einige Zeit gebraucht zu haben, um geplant zu werden, bevor sie den Markt erreichen, dann ist es wahrscheinlich, dass das, was Sie anbieten, ein starkes Standbein auf dem Markt hält, indem es Ihr Geschäft für die kommenden Jahre aufrecht erhält.

4. *Vorbeugung von Fälschungen*

Um Ihr Produkt effektiv zu verkaufen,

lassen Sie die Kunden es spüren und selbst zu einem Ergebnis kommen, anstatt es ihnen vorzustellen. Anstatt eine lange Liste von Vorteilen und Funktionen zu rezitieren, zeigt die individuelle Anpassung Ihre Dienstleistung oder Ihr Produkt in Aktion und macht Ihr Produkt für einen zweiten Blick interessant.

Umfassende Verpackungsdienstleistungen

Durch die Anpassung Ihrer Produkte haben Sie auch den Vorteil, dass Sie zahlreiche Angebote von anderen verwandten Dienstleistern erhalten. Sie können beispielsweise ein verwaltetes Inventar signieren, indem Sie Ihre überfällige Rechnung erhalten, oder ein verwaltetes Inventar, damit Sie über ein zusätzliches Inventar verfügen, auf das Sie bei Bedarf und zu jeder Zeit zugreifen können. Dieser Service schafft nicht nur

Platz und spart Geld, sondern gibt Ihnen auch die Möglichkeit, sich auf andere Dinge zu konzentrieren.

Darüber hinaus bieten diese Dienstleistungen auch kostenlose Verpackungsprüfungen an, um sicherzustellen, dass Ihre Verpackung Ihren Anforderungen entspricht, was Ihnen hilft, Kosten zu senken. Sie helfen auch bei der Bestandskontrolle und verbessern die Effizienz, so dass man mit seinem Geschäft weitermachen kann.

Im Allgemeinen, wenn Sie noch nicht über die Anpassung Ihres Produkts nachgedacht haben, ist es an der Zeit, darüber nachzudenken.

Hast du einen Blog oder eine Website?

Dieser Abschnitt ist etwas fortgeschrittener..... Und es ist für Leute, die bereits einen Blog oder eine Website haben, aber wenn Sie immer noch keine der oben genannten haben, kann dies Ihnen viel später helfen.

(keine Sorge, wenn Sie nicht viel von diesem Abschnitt verstehen, kurz gesagt, der Zweck ist es, Ihre Anhänger von Instagram, Ihrem Blog oder Ihrer Website zu bringen, Ihre Produkte zu kaufen oder Ihre Dienstleistungen zu mieten).

Ihre Website und Ihr Blog ist etwas, worauf Sie stolz sein sollten. Höchstwahrscheinlich haben Sie Ihr Geld und Ihre Zeit investiert, um es zu einem großartigen Werkzeug zu machen, um Ihre Kunden zu bedienen und auch potenzielle Kunden zu generieren. Ist jedoch die Aufnahme von externen Links zu Ihrer Website die beste Idee? Links können Menschen von Ihrer Website fernhalten oder sie davon abhalten, Ihre Inhalte zu lesen.

Keine Sorge, Links sind eine gängige Praxis, die von allen Nutzern erwartet und auch respektiert wird, so dass es unwahrscheinlich ist, dass Ihre Website beschädigt wird. Hier sind vier Vorteile, die Sie erhalten können, indem Sie externe Links zu Ihren Seiten oder Blogs einbinden;

1. Macht Ihren Blog oder Ihre Website zu einer wertvolleren und skalierbareren Ressource.
-

Egal wie groß Ihre Website auch sein mag, sie kann niemals alle relevanten Informationen oder Werte enthalten, die ein Benutzer sucht. Daher ist es sehr sinnvoll, die Leistung externer Links zu nutzen, um einen skalierbaren und einfachen Weg zu schaffen, damit Ihre Website besser und lohnender besucht wird. Dies belohnt nicht nur die Marken, mit denen Sie verlinkt sind, sondern gibt Ihrer Website auch die Möglichkeit, eine Referenzressource zu werden.

2. Suchmaschinen neigen dazu, das Verhalten algorithmisch zu belohnen.
-

Suchmaschinen verbringen Zeit mit der Analyse von Spam. Dabei suchen sie nach Links mit Qualitätssignalen und nicht nach Spam. Obwohl es sich sicherlich lohnt, die von Ihnen verwendeten Links zu berücksichtigen, können die von Ihnen gesendeten Links auf die gleiche Weise nützlich und nutzbar sein. Websites mit geringer Signalqualität verlinken im Allgemeinen im Vergleich zu Websites mit hoher Signalqualität im Wesentlichen mit Trash. Diese Netzwerke von Vertrauen und Wert können algorithmisch von Suchmaschinen genutzt werden, um bessere Suchergebnisse zu erzielen. Nutzen Sie diesen Vorteil und verlinken Sie auf Ressourcen, von denen Sie wissen, dass Ihre Benutzer und die Engines sie lieben werden.

Externe Links fördern einen positiven Beitrag und eine Beteiligung.

Es gibt viele Menschen im Web, die intelligent, talentiert und sehr engagiert sind, die ihren Beitrag leisten und ihre Bemühungen erfolgreich machen können. Wenn Sie externe Links zu Ihrer Website

einfügen, insbesondere in einer
konsistenten und chancenorientierten
Weise, schaffen Sie Anreize für Website-
Bauer, Forumsteilnehmer und andere
Benutzer, sich für Ihre Website zu
engagieren. Anreize bringen einen Wert,
der im Wesentlichen Ihre Website
aufbauen wird.

Es gibt viele gute Gründe, warum die
Aufnahme externer Links für Ihre Website
geeignet ist. Um Ihre Website zu
maximieren, betrachten Sie dies als Tipp.

Einfache, aber wirkungsvolle Strategien zur Steigerung Ihrer Anhänger

Ein großartiges Instagram Follow-up zu haben, kann sehr lukrativ für das Marketing und den kostenlosen Traffic auf Ihrer Website sein. Aber es gibt mehr als nur einen einfachen Satz von Zahlen. Die einfache Tatsache, viele Anhänger zu haben, bedeutet nicht unbedingt etwas. Der Schlüssel dazu sind aktive Anhänger - Menschen, die dir nicht nur folgen, sondern auch deine Botschaften mögen und kommentieren. Dies sind die Menschen, die Sie ansprechen möchten, während Sie Ihr Publikum vergrößern.

Wir alle haben von Menschen gehört, die Instagram-Anhänger kaufen, und obwohl sie eine beeindruckende Anzahl von

Zehntausenden und Hunderttausenden haben, bedeuten diese Anhänger nichts. Sie sind rein ästhetischer Natur. Das ist nicht das, was wir versuchen zu tun. Wir wollen mit unserem Publikum interagieren.

➤ *Seien Sie konsistent*

Es gibt einige einfache Dinge, die wir implementieren können, um unseren Anhängern zu helfen, organisch zu wachsen. Die erste ist die konsistente Veröffentlichung. Das bedeutet, dass Sie einmal täglich (oder jeden zweiten Tag oder zweimal täglich, oder zweimal täglich, finden, was am besten zu Ihren Bedürfnissen passt) veröffentlichen und versuchen, es mehr oder weniger jeden Tag zur gleichen Zeit zu halten. Aber das ist noch nicht alles, es bedeutet auch, dass man sich an ein bestimmtes Thema halten muss. Sicher, Sie können absolut ein schönes Landschaftsfoto an einem Tag und ein Foto von einem Computerspiel zum nächsten posten, aber das Beste ist, ein Thema für alle Ihre Nachrichten zu behalten.

> ➢ **_Interagieren Sie mit Ihren FollowerInnen._**

Du hast die Konsistenz unten, und das ist großartig, aber es endet nicht damit. Sie sollten auch mit der Instagram-Community interagieren. Wenn jemand deine Nachricht kommentiert, nimm dir die Zeit, diesen Kommentar zu erkennen, als ob er dir gefällt, und reagiere darauf. Du wirst eine größere Interaktion mit der Zeit bemerken, wenn du die Initiative ergreifst, mit deinen Anhängern zu sprechen.

Ihre Interaktion hört nicht bei ihren

Beiträgen auf. Sie sollten auch jeden Tag Zeit damit verbringen, die Hashtags zu durchsuchen, die für die Informationen, die Sie in Instagram teilen, relevant sind. Wenn Sie sich auf der Website bewegen, ist es wichtig, dass Sie die Publikationen weiterhin genießen und kommentieren, denn wie kann man am besten Menschen auf Ihre Website aufmerksam machen? Zeige echte Wertschätzung für deine Seite!

➢ *Schnelle Gewinnung von Anhängern durch An- und Abreisen*

Wenn Sie versuchen, schnell eine große Anzahl von Anhängern zu sammeln, gibt es eine ziemlich einfache und unkomplizierte Strategie, die Sie verfolgen können, die sich immer wieder bewährt hat. Dies erfordert, dass Sie Seiten mit großen Anhängern finden, die in ihrem

Inhalt den Ihren ähnlich sind. Dann, zusätzlich zu den Grundregeln der konsequenten Veröffentlichung innerhalb Ihres Themas und der ständigen Interaktion mit Ihren Anhängern und der allgemeinen Gemeinschaft, werden Sie auf die Seite Ihrer Wahl gehen und ihren Anhängern folgen. In der Regel möchten Sie zwischen 25 und 35 in einer einzigen Sitzung fortfahren. Dann solltest du ihnen Zeit geben, dir zurück zu folgen. Wenn du deine Chancen erhöhen willst, im Gegenzug einen Anhänger zu bekommen, kannst du es mögen und einige ihrer Einträge kommentieren, wenn du ihnen folgst. Nachdem du ihnen Zeit gegeben hast, dir zu folgen, wirst du die ganze Seite entfalten, der du zuvor gefolgt bist. Dann einfach abspülen und wiederholen, und Sie werden feststellen, dass die Anzahl der Follower mit echten, hochwertigen Follower schnell zunimmt.

Das Wachstum Ihres Instagram-

Tracking kann für Geschäftszwecke sehr wichtig sein. Wenn Sie die Grundregeln befolgen, hochwertige Inhalte veröffentlichen und bereit sind, Zeit und Arbeit zu investieren, können Sie leicht einen Anstieg der Follower fast sofort feststellen.

Anziehungskraft in Instagram

Statistiken zeigen, dass Instagram mit mindestens 300 Millionen aktiven Nutzern pro Tag eine der beliebtesten Social-Media-Seiten der Welt ist. Sie tragen dazu bei, dass bisher mehr als 40 Milliarden Bilder auf der Plattform ausgetauscht wurden. Diese Zahlen haben Instagram zur Referenzseite für Unternehmer gemacht, die ihr Geschäft ausbauen wollen.

Viele Menschen haben Instagram jedoch falsch verwendet, was zu einer langsamen Traktion führt. Einige der führenden Persönlichkeiten von Instagram wissen, dass das Geheimnis des Traktionsgewinns darin besteht, Wettbewerbe zu organisieren und Attraktionen zu gewinnen.

➢ *Wettbewerbe*

-

Wettbewerbe sind eine der bewährten Möglichkeiten, die Attraktion zu erhalten, die Ihnen die Möglichkeit gibt, mit Ihren Inhalten so offen wie möglich kreativ zu sein. Es gibt verschiedene Arten von Wettbewerben, die Sie organisieren können, wie z.B.

Kommentarfragen: - Wenn das Hauptziel darin besteht, Feedback zu Ihren Produkten oder Dienstleistungen zu generieren und das spätere Engagement zu erhöhen, sind Kommentar-Wettbewerbe der richtige Weg. Laden Sie einfach ein Foto hoch und bitten Sie Ihre Anhänger, den Beitrag zu kommentieren, um eine Chance auf den Preis zu haben. Bitten Sie Ihre Follower immer, andere Benutzer zu markieren.

Fotowettbewerb: - Bitten Sie die Benutzer, ein Foto auf ihren persönlichen Konten zu posten und einen Hashtag ihrer Wahl zu verwenden - dies wird Ihnen helfen, die Tickets zu finden, um einen Gewinner auszuwählen. Um Attraktion und Begehren zu gewährleisten, bitten Sie Ihre Anhänger und Fans, kreative Fotos von ihnen mit Ihrem Produkt und/oder Ihrer Dienstleistung zu veröffentlichen.

Diese Art von Wettbewerb kann auch beinhalten, dass du deine Fans aufforderst, einen deiner Beiträge zu posten, um eine Gewinnchance zu haben.

➢ **Geschenke**

Der Zweck des Wettbewerbs ist es, die richtigen Fans anzuziehen, und der beste

Weg, diese Benutzer zu finden, ist, Geschenke anzubieten, die für Ihre Marke und Ihre Fans relevant sind. Die richtigen Arten von Geschenken sind diejenigen, die sich auf Ihre Marke beziehen, um die richtige Art der Interaktion zu erreichen.

Geben Sie einfach die Regeln im Untertitelbereich an oder verlinken Sie Ihre Website mit einer Zielseite, die alle Regeln enthält, um die Ziehung zu gewinnen. So können Sie Ihre Nachrichten kurz und bündig halten.

Es kommt darauf an, die Nachricht über Ihre Wettbewerbe und Gewinnspiele zu verbreiten. Hashtags sind der beste Weg, um das Wort zu verbreiten und den Überblick über die Einträge zu behalten. Betrachten Sie die Konten der führenden Unternehmen in Ihrer Nische und beobachten Sie die Art der Hashtags, die sie verwenden. Die richtige Kombination von Hashtags erhöht die Aufmerksamkeit Ihrer Wettbewerbe und Geschenke und bringt mehr Traktion.

Fazit: Die Videofunktion von Instagram

Die Videoinhalte von Instagram erfreuen sich in letzter Zeit zunehmender Beliebtheit in Social Media und sind daher für jeden, der sich selbst vermarkten möchte, von großem Vorteil, um diese Funktion zu nutzen. Diese Veränderung zeigt, dass immer mehr Unternehmen, ob klein oder groß, beginnen, visuell mit ihren Anhängern, Kunden und Fans zu kommunizieren.

Die Video-Funktion ist eine der beliebtesten Plattformen, mit der Sie die Macht des Marketings nutzen können!

Mit mehr als 150 Millionen Benutzern ist Instagram die beste Plattform für den

Austausch. Es ermöglicht Ihnen, nicht nur Fotos, sondern auch kurze Videos zu teilen. Es werden täglich Millionen und Abermillionen von Videos ausgetauscht, was ein guter Grund ist, warum man diese Plattform nutzen sollte. Nachfolgend sind einige der Hauptvorteile der Verwendung dieser Funktion aufgeführt:

> ### *Mehr Engagement*

Im Gegensatz zu Videoeinträgen auf Twitter oder Facebook, die von den Nutzern unabhängig von ihrer Qualität manchmal übersehen werden, gehen Instagram-Videos selten verloren. Laut einer Studie von Forrester erzeugen Instagram-Videos 58 Mal mehr Engagement als Facebook und 120 Mal mehr als Twitter. Ein Instagram-Account mit interessanten und nützlichen Inhalten kann Ihnen ein Konto mit einem verrückten Maß an Engagement für das

Publikum einbringen.

> ➢ *Aufbau von Persönlichkeit und Vertrauen*

Da Inhalte immer beliebter werden, ist einer der Hauptvorteile der Nutzung der Videofunktion, dass sie Vertrauen schafft. Menschen kaufen von Menschen, denen sie vertrauen können, und die Instagram-Videofunktion hilft Ihnen, diese emotionale Verbindung mit Ihrem Publikum herzustellen. Das Wichtigste dabei ist, dass Sie mit dieser Funktion Ihre täglichen Erfahrungen auf informelle und informelle Weise teilen können, so dass Fans, Fans und Kunden ein Gefühl für das Geschäft haben.

Die gemeinsame Nutzung von Aktivitäten hinter den Kulissen wurde als gutes Beispiel für Instagram identifiziert, insbesondere wenn es sich um einen Dienstleister handelt. Diese Videos machen das Unternehmen zuverlässiger und attraktiver, was sich wiederum positiv auf das Marketing des Unternehmens auswirkt.

➢ *Erhöhter Traffic*

Obwohl Sie keine Links zu Videos hinzufügen können, sind sie immer noch eine dominante Traffic-Quelle. Darüber hinaus kann die Nutzung der Videofunktion bei Engagement-Levels, die höher sind als bei Twitter und Facebook, enorm nützlich für die Sichtbarkeit Ihrer Website sein.

➢ *Sich einen Wettbewerbsvorteil verschaffen*

Der Wettbewerb auf Instagram ist immer noch viel geringer als auf Twitter oder Facebook. Die American Express Survey berichtete, dass fast 2% der kleinen Unternehmen derzeit die Instagram-Videofunktion nutzen und sich einen Vorteil gegenüber ihren Konkurrenten verschafft haben. Daher ist es klar, dass Sie mit der Videofunktion Ihre Zielgruppe wahrscheinlich schneller und einfacher erreichen werden.

➢ *Kostenlose Werbung*

Ja, das ist richtig. Das Tolle an der Nutzung der Instagram-Videofunktion ist die kostenlose Werbung. Man kann seine Dienstleistungen und Produkte in Aktion zeigen und so eine große Aufmerksamkeit erzeugen. Die Funktion gibt Ihnen die Möglichkeit, zu zeigen, was Sie anbieten.

Akzeptieren Sie die Video-Funktion und Sie werden belohnt!

Jetzt ja, ich wünsche dir das Beste für deine Ergebnisse, und denk daran, alles ist praktisch; Theorie ohne Handeln nützt dir nichts.

Eine große Umarmung, dein Freund, Gaston!

Übrigens, wenn Sie Ihre Ergebnisse nach und nach erreichen, empfehle ich Ihnen sehr, wenn Sie viel mehr über die Methoden des Geldverdienens erfahren wollen, mein Buch "MAKING MONEY WITH YOUR PINTEREST ACCOUNT" ist ein Buch, das Ihnen auf dem Weg zur "finanziellen Freiheit" sicherlich sehr helfen wird. Sie können es ohne weiteres in der Amazon-Suchmaschine finden, wie: "Geld verdienen mit Ihrem Zinskonto" oder meinen Namen suchen, wie: "Gaston Echevarria"..... Ich wünsche Ihnen noch einmal viel Erfolg bei Ihren Ergebnissen!